DebTech

DebTech

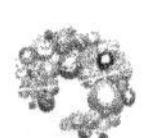

DebTech

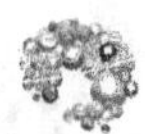

DebTech

DebTech

DebTech

DebTech

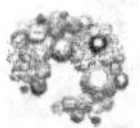

DebTech

DebTech

DebTech

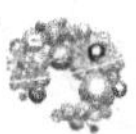

DebTech

DebTech

DebTech

DebTech

DebTech

DebTech

DebTech

DebTech

DebTech

DebTech

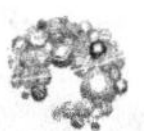

DebTech

DebTech

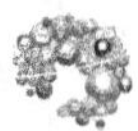

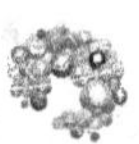

DebTech

DebTech

DebTech

DebTech

DebTech

DebTech

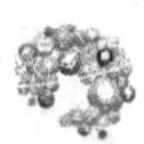

DebTech

DebTech

DebTech

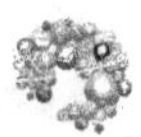

DebTech

DebTech

DebTech

DebTech

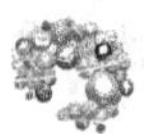

DebTech

DebTech